L'OBSERVATEUR

ET

ARLEQUIN AUX SALONS.

CRITIQUE DES TABLEAUX EN VAUDEVILLE.

> La critique est aisée,
> mais l'art est difficile.

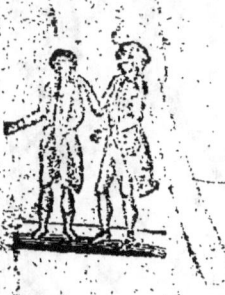

A PARIS,

Chez les Marchands de Nouveautés.

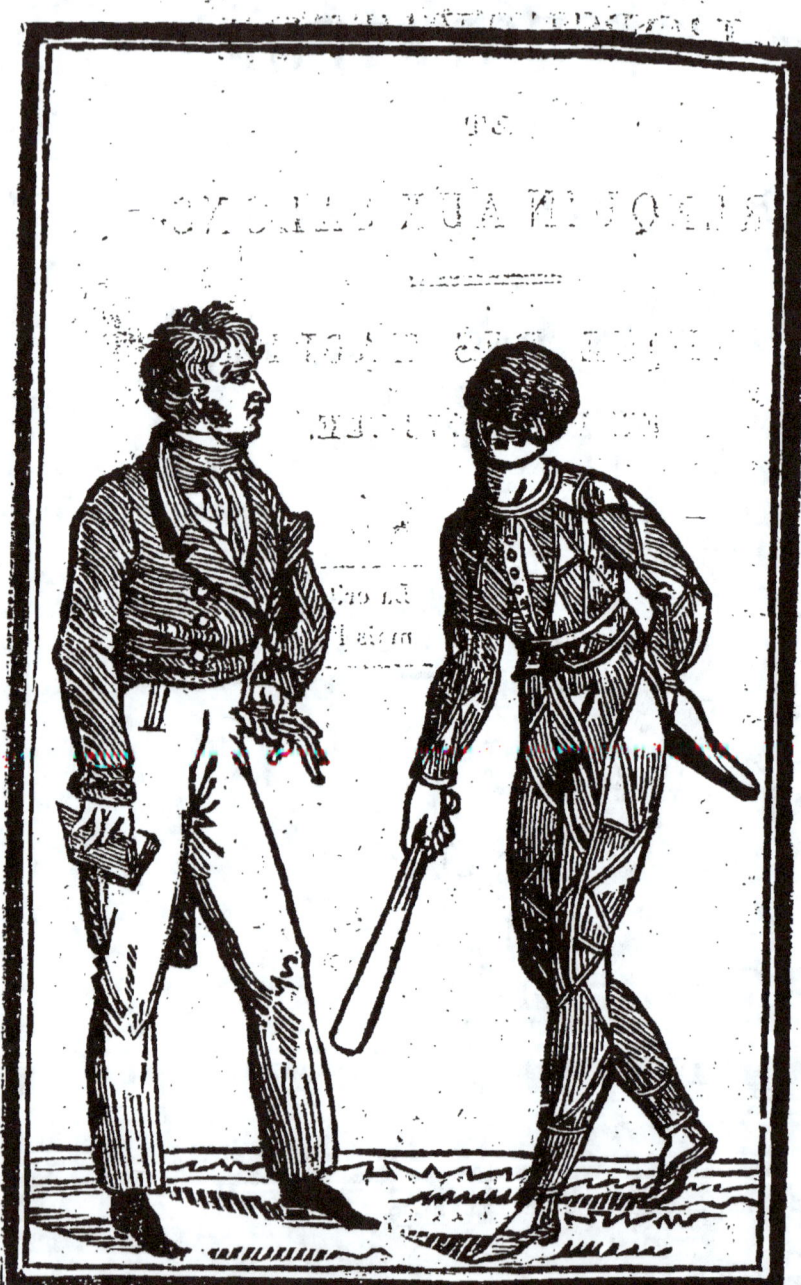

L'OBSERVATEUR

ET

ARLEQUIN AUX SALONS.

DIALOGUE

Entre deux Artistes dans le grand escalier du Musée.

Ah! de grâce, Messieurs, un peu de patience : si les uns poussent à droite et les autres à gauche, il n'y aura plus de raison pour que l'on finisse par s'écraser. — Eh! parbleu, Monsieur, faites ensorte vous-même.…. Ah! pardon, mon cher M…., je ne vous reconnaissais pas : que faites-vous? entrez-vous? sortez-vous? — C'est à peine si je le sais; voilà près d'une demi-heure que je suis ballotté par la foule, sans pouvoir avancer ni reculer : cependant je voudrais sortir. — Vous avez donc déjà jeté un coup d'œil? — Je suis venu à huit heures, il est déjà plus de midi, ainsi vous voyez que j'ai eu le temps de prendre connaissance de ce qu'il y a de plus remarquable. A la vérité je suis resté quelque temps à me chercher et à m'examiner, et lorsque je suis sorti, il n'y avait guère qu'une heure que j'avais commencé à m'occuper sérieusement des autres; mais, en conscience, j'en ai déjà assez. Cependant je remonterai volontiers avec vous; quoique vous ayez déjà vu mon tableau dans l'atelier, je

serais flatté que vous puissiez me communiquer
votre sentiment au sujet de quelques parties qui
n'étaient pas totalement achevée, et que je crois
d'un assez bon effet. — Et dites-moi ? L'exposition
est-elle aussi brillante qu'on l'avait annoncée ? *Le
second interlocuteur, à voix basse :* Elle est si
nombreuse que l'on ne sait où loger tout ce que
l'on a admis. Mais, en vérité, je n'ai rien trouvé
jusqu'à présent qui soit digne de fixer l'attention :
R*** est détestable, S*** d'une pauvreté d'expressions que l'on ne saurait imaginer, et T*** plus
mauvais encore qu'il ne l'était au Salon dernier ;
mais la foule s'éclaircit un peu, hâtons-nous
d'entrer....

Peste soit des empressés qui, pour entrer plus
vite, viennent, en ce moment, me séparer de mes
deux interlocuteurs ! Je voulais les suivre ; ils an-
nonçaient de bonnes dispositions pour leurs con-
frères, et ils m'auraient, je crois, épargné la meilleure partie d'une tâche qu'il m'est toujours pénible
de remplir, celle de critiquer. Au reste, le petit
dialogue que je viens d'entendre m'enhardit un peu :
les peintres récusent et dédaignent nos jugemens à
nous autres amateurs ; ils trouvent qu'à moins d'a-
voir exposé soi-même, on n'a pas le droit d'émettre
une opinion sur leurs tableaux ; oui-dà, qu'ils s'en
rapportent à leurs pairs ; celui qui se pique d'un
dessin correct, ne prise ni le coloris ni l'expression,
et prétend prouver que les têtes de Guérin ne font
pas ensemble, et celui qui n'a que sa palette enver-
rait volontiers sur les ponts tous les tableaux dont
le mérite ne consiste que dans la composition et le
dessin.

Au reste, entrons aussi, et commençons nòtre revue; mais n'imitons pas l'exemple que l'on vient de nous donner :

· Air : *de Calpigi.*

Évitous la critique amère,
Ne portons point un œil sévère
Sur des défauts qu'avec le temps
Fuiront des athlètes naisssans;
Chez la beauté, chez la jeunesse,
Pardonnons uu peu de faiblesse,
Et pour conserver nos amis,
Ménageons bien tous les partis.

Ouais! ce ue sera pas un engagemépt facile à tenir; j'aperçois déjà plus d'un sujet.... Mais marchons par ordre,

Salle d'Entrée.

N°. 90. — *Leçon de cliniqne en plein air, devant le pavillon Gabriel de l'hôpital Saint-Louis, pendant les chaleurs de l'été,* par M. Berthon.

Ouais! Voilà des malades qui n'ont pas trop mauvaise mine, ils feront honneur à leurs médecins. Mais pourquoi tant de minauderie et d'affectation dans la tête et dans toute la personne de cette petite dame qui fait l'aumône? Quant aux figures principales, on n'en peut pas dire grande chose; ce sont sans doute des portraits; passons d'ailleurs; ne nous amusons pas aux bagatelles de la porte.

N°. 11. — *Vue du jardin des Tuileries,* par un anonyme.

Et d'où, diable, a-t-on pris cette vue-là, de Constantinople sans doute, je vous le demande,

Messieurs, qui semblez être des habitués de la
Petite-Provence, reconnaissez-vous là le lieu de
votre promenade journalière? Et, sans le catalogue,
vous douteriez-vous que ce monument que l'on
aperçoit sur la gauche est le palais du Ministère de
la Marine? En vérité, il y a mieux que cela dans
la boutique à Basset.

N°. 6o5. — *Intérieur d'un atelier de peinture*, par
Mademoiselle Grandpierre.

Vous êtes sans doute au nombre de ces jolies per-
sonnes que vous nous représentez si bien occupées,
Mademoiselle, je vous en fais mon compliment;
elles sont vraiment gentilles. Je ne puis cependant
m'empêcher d'en excepter celle qui, sur le premier
plan, se baisse pour prendre des couleurs; si c'est
une de vos amies, croyez-vous qu'elle ne vous aurait pas pardonné de la flatter un peu. Eh! puis, je
vous en prie, dites donc à votre maître, que, lorsqu'il adresse la parole à une de ses élèves, il devrait
au moins par politesse tourner ses yeux vers elle.

N°. 93o. — Le mauvais.... — Tableau. — Heim
qui vient là m'interrompre? Ah! c'est vous,
monsieur Arlequin, il y a longtemps que nous
ne nous sommes rencontrés ici; mais que disiez-
vous donc? — J'achevais votre phrase; ne vou-
liez-vous pas dire le mauvais tableau! — Eh non,
je lisais dans le catalogue *le Mauvais Riche*, par
M. MERCIER.

N°. 5. — *Henri IV après la bataille de Courtrai*,
par M. ADAM.

Ne nous arrêtons pas ici, nous n'y verrions qu'un
Henri IV fort peu ressemblant, avec quelques ré-
miniscences mal déguisées du beau tableau de
M. Gérard.

No. 745. — *Danse près du Tombeau d'Anacréon,*
par M. Kiprenski.

Eh! eh! M. l'Observateur, n'allez donc pas si
vite. Laisserez-vous passer celui là sans en dire un
petit mot? — Eh, que voulez-vous que j'en dise,
mon cher Arlequin? Qu'on le prendrait volontiers
pour un devant de cheminée. Est-ce cela? — Bon,
ben, ces montagnes bleues, ce ciel bicolore, ces
chairs couleurs de bronze, ce dessin lourd et mou,
vous ne trouvez pas cela charmant? — Mais, une
fois, ce tableau peut n'Itre pas sans mérite à vos
yeux, j'y vois deux visages qui ressemblent assez
au vôtre pour être sûrs de vous plaire.

Tenez, quand nous aurons examiné le plafond
qui a été récemment peint par M. Meynier, et qui
fait vraiment honneur au talent de cet artiste, nous
ferons bien de quitter cette salle, où il ne nous res-
terait plus rien à faire. Eh bien, soit, hâtons-nous
donc d'arriver au grand salon, car c'est là que se
trouve d'ordinaire les tableaux de nos grands
maîtres et les morceaux les plus importans de l'exposition.

Salon vitré.

No. 40. — *Un Pêcheur napolitain,* par M. BAR-
BIER-WALBONNE.

Oh! oh! quelle courte notice pour un si grand
tableau. Et depuis quand, pour aller à la pêche, se
fait-on accompagner d'un homme á mine sombre
et rébarbative, coiffé d'un chapeau d'uniforme,
et caché jusqu'aux yeux dans son manteau? Serait-
ce une mesure de sûreté de la part du gouverne-
ment? Quoi qu'il en soit, ne nous cassons point la
tête pour éclaircir ce que le peintre, afin de mieux
piquer la curiosité, s'est plu à envelopper d'un si
profond mystère.

N°. 654. — *La Mort d'Hypolite, suivant le récit de Théramène*, par M. Guillemot.

Ce sujet du moins se reconnaît sans peine, et c'est quelque chose au milieu de tant de tableaux qui n'ont pas de sujet. Mais pourquoi les deux figures d'Hypolite et d'Aricie sont-elles symétriquement étendues aux deux coins opposés du tableau de manière à attirer également l'attention du spectateur qui ne sait où est l'action principale ! M. Guillemot aurait pu faire une composition meilleure.

N°. 499. — *Marie-Thérèse présentant son fils aux Hongrois*, par M. FRAGONARD.

Ce tableau ne paraît-il pas tenir un peu du goût de l'ancienne école, et le vague qui règne dans les fonds n'est-il pas porté au-delà des limites convenables, qu'en dites-vous, Arlequin ? — Je serais assez de votre avis, mais je crois qu'au total, nous en trouverons beaucoup d'autres qui seront loin de le valoir.

N°. 1. — *César allant au sénat le jour des idées de mars*, par M. ABEL DE PUJOL.

Comment ? c'est-là tout. D'après la Notice je m'attendais à voir un de ces sujets vastes et d'une conception hardie, que l'on devait désormais attendre de celui à qui nous avions dû au salon dernier le beau martyr de saint Etienne. Ah ! M. Abel, quelque mérite qu'il y ait dans votre tableau, vous ne pouvez guères être louable, après avoir ainsi déçu notre espoir à moins que vous ne vous proposiez de transporter bientôt cette esquisse dans des proportions qui conviennent mieux à votre talent.

N°. 615. — *David introduit près de Saül, pour dissiper par l'harmonie de sa harpe les sombres idées dont ce roi était tourmenté*; par M. Gros.

Quoi donc ? Faudra-t-il que j'applique à M. Gro[s] les reproches que je viens d'adresser à M. Abel[s]

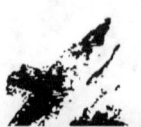

Quand tous nos grands peintres se réduisent à des cadres de deux pieds, je ne suis plus étonné de voir nos petits peintres s'aventurer sur des toiles où ils se perdent; mais je demande ce qu'un tel bouleversement nous laisse a espérer pour l'avenir.

N°. 616. — *Ariane abandonnée par Thésée dans dans l'île de Naxos, est recueillie et consolée par Bacchus;* par M. GROS.

Ce tableau ne présente que des demi-figures, mais elles sont d'une proportion plus grande que dans le précédent, et la grâce des contours, la fraîcheur du coloris, et la suavité des expressions montrent que M. Gros qui traite avec tant de supériorité les sujets mâles et sévères, n'est inférieur à personne pour ceux qui exigent plus de mollesse et de flexibilité dans le pinceau.

N°. 320. — Oh! voyez donc, M. l'Observateur, qu'il est gentil, qu'il est ressemblant celui-là. — Qui? lequel? — Eh bien, celui-là; ce N°. 320. N'est-ce pas tout juste le magot qui est sur ma cheminée, et que j'ai hérité de ma grand'-mère. — Eh! oui, ma foi, vous avez raison, Arlequin. Voyons donc ce que dit la Notice?

Chinois prenant le frais sur le bord de la mer, par M. DELAVAL.

Tous les objets représentés dans ce tableau ont été faits d'après nature, et peints avec des couleurs de la Chine.

Eh mais, c'est qu'il n'est pas sans mérite ce Chinois; il est vraiment digne de toute l'admiration de ceux pour qui le *nec plus ultrà* dans la peinture consiste à représenter fidèlement les broderies d'une robe, ou les détails d'un soulier.

N°. 242. — *Une jeune Chasseresse déplore l'innocente victime de son adresse, par M.* COGNIET.

Dame, écoutez donc, Mademoiselle, ce n'est pas

notre faute à nous, si vous l'avez tué ce petit moi-
neau, et il ne faut pas pour cela nous faire si mauvaise mine croyez-moi, cet exercice violent auquel
vous vous livrez, ne vous convient pas du tout; il
vous a déjà trop bruni la peau; d'ailleurs, ce ciel
couleur de suie vous annonce un gros orage, et ce
que vous avez de mieux à faire, pour vous comme
pour nous. c'est de laisser là votre arc et vos flè-
ches, et de regagner votre maison.

Nº. 1713 — *Joseph Vernet.* — *Ce peintre s'est
embarqué à Livourne, dans une petite felouque.
Pendant la traversée, une violente bourrasque
s'élève, et menace de briser le frêle bâtiment
sur les rochers. Au milieu des vives alarmes
de l'équipage et des parsagers, J. Vernet n'é-
prouve d'autre crainte que celle de ne pas voir
assez bien l'admirable spectacle d'une tempête;
il se fait attacher sur l'avant du bâtiment,
et là il contemple avec ravissement la scène
terrible qui s'offre à ses regards,*

Ce tableau n'a-t-il été mis au salon que pour nous
faire regretter plus vivement ceux que M. Horace
Vernet, son auteur, avait le projet d'exposer; on
le croirait. Pour moi, j'engage cet habile peintre à
se montrer à l'avenir moins récalcitrant envers les
décisions du jury. Il fera mieux de coiffer au besoin
des soldats grecs avec des bonnets de coton, ou de
donner, s'il faut, des oies pour enseignes à des lé-
gions romaines, que de nous priver du plaisir de
voir ses charmantes productions.

Nº. 388. — *Apollon et Cyparisse,* par M. DU-
BUSSE.

Nº. 202. — *Œdipe maudit son fils Polynice,* par
M. CHAIX.

Sujets rebattus, que l'on voit à toutes les expositions, et que l'on aurait pu cette fois, pour plus d'une raison, se dispenser d'y mettre.

Nº. 16. — *Svint Jean reprochant à Hérode sa conduite licencieuse avec Hérodiade*, par M. ANSIAUX.

Sujet insignifiant, tableau plus insignifiant encore.

Nº. 213. — *La Communion de la Magdeleine*, par M. CHAMPMARTIN.

Ah! cachez, cachez s'il vous plaît — Quoi donc? ce tableau? — Ma foi, cela n'en serait que mieux; mais, si l'on ne peut pas l'obtenir, que le peintre étende au moins un peu cette méchante draperie sur cette méchante gorge : on sait assez ce que doit être au lit de mort une femme qui a vécu comme Magdeleine; il n'est pas besoin de nous le montrer avec tant de vérité.

Nº. 241. — Oh qu'il est grand! qu'il est beau! qu'il est droit! qu'il est drôle, celui-ci! Que dit mon livre? *Métabus, roi des Volsques*, par M. Cogniet.

Ah! bon. Et que veut-il faire ce Métabus avec son air menaçant, et ce bras levé en l'air, qui semble vouloir arracher un petit morceau du ciel. — Ma foi, pour le savoir il vaut mieux consulter l'Enéide que d'examiner plus longtemps le tableau.

Nº. 1106. — *Portrait de M. le vicomte d'A**** par M. ROBERT-LEFÈVRE.

Oh! oh! L'original de ce portrait ne serait-ce point par hasard cet homme fameux, auteur d'un poëme épique, écrit sous la tente du Cophte et à la lueur de la bombe, cet homme des tombeaux et des prodiges, en un mot le burlesque père de la romantique vierge de la vallée d'Underlachs. Et

quand cela serait, M. le vicomte d'A*** n'a-t-il
pas, comme un autre, le droit de se faire peindre ?
— Oui, mais je voudrais que pour ses méfaits un
édit royal lui imposât la peine de ne paraître en
public, même en peinture, que couvert des pieds à
la tête des feuilles lacérées de ses tragi-comiques
écrits.

N°. 615. — *Les amours de Sapho et de Phaon;*
par M. Guillemot.

Et celui-ci, M. l'observateur, n'en ferez-vous pas
l'éloge. — Vous voulez rire, arlequin, et quel mérite, s'il vous plaît, pensez-vous que l'on puisse y
trouver ? — Eh bien ! Qu'il y aussi de la vérité dans
les expressions, et que Phaon, dans son maintien
et son visage, porte bien l'empreinte de cette froi-
deur qui doit faire faire à son amante le fatal saut.
— A la bonne heure; mais croyez-moi.

AIR : *Que le Sultan Saladin.*

Leissons de couple amoureux
Froidement chanter ses feux,
Et d'un si doux tête-à-tête
N'interrompons point la fête;
Chacun ne dit-il pas, mais
Mauvais !
Mauvais !
Et faut-il se mettre en frais
Pour prouver que, quand on veut plaire,
On doit mieux faire.

(*Incessamment nous publierons à ce sujet une
brochure plus complète.*)

L.-E. HERHAN, IMPRIMEUR-STÉRÉOTYPE,
rue Servandoni, N°. 13, près Saint-Sulpice.

L'OBSERVATEUR

ET

ARLEQUIN AU SALON.

DEUXIÈME PARTIE.

SUITE DU SALON VITRÉ.

Deuxième Visite.

Oh! oh! il y a eu du changement ici; cependant je n'aperçois rien de nouveau, et l'on s'est à peu près borné à mettre à droite ce qui était à gauche, ou à mettre en bas ce qui était en haut. Au reste, ce nouvel ordre de choses est préférable à celui que l'on avait d'abord établi; plusieurs tableaux sont maintenant placés dans un jour plus convenable, et l'exposition semble avoir un peu gagné. Mais, trève de réflexions générales, et examinons par ordre ce qui nous est échappé dans notre première visite.

N°. 1025.—*Oreste, après ses fureurs, s'endort dans les bras d'Electre;* sujet tiré de la tragédie d'Euripide, par M. PICOT.

On pourrait, ce me semble, reprocher à ce tableau la monotonie répandue dans le groupe de la gauche; mais la composition en est sage, le dessin gracieux, le coloris agréable; c'en est assez, dans une année stérile, pour ne mériter que des éloges.

2

No. 88. — *David obtient de Saül la permissic ,
d'aller combattre le géant Goliath*, par M. BER-
THON.

Où donc est-il ce redoutable géant qui pourrait
seul aider à reconnaître ce tableau? — là —ou là—
là-bas, ou là-haut plutôt. — Ah! j'aperçois enfin;
c'est ce petit individu grand comme le pouce. —
Dieu! le beau géant!

No. 260. — *Adam et Eve*, par M. COUDER.

Ce tableau dont le sujet est tiré du Paradis perdu
de Milton, ne dément pas les espérances qu'avait
données celui du Lévite d'Ephraïm exposé par le
même artiste au Salon dernier. On y remarque
une savante opposition dans le coloris des deux
figures d'Adam et d'Eve; mais, en même temps,
on regrette que celle de Satan ne soit pas plus vi-
goureusement sentie, et que son attitude soit un peu
trop forcée. Au reste, il doit néanmoins être consi-
déré comme un des ouvrages les plus dignes d'éloge
parmi ceux qui nous sont offerts cette année.

No. 1131. — *Saint Louis, médiateur entre le roi
d'Angleterre et les barons*, par M. ROUGET.

No. 1171. — *Saint Louis, attaqué lui-même de la
peste, visite ses soldats mourans, accompagné
et soutenu par son fils Philippe-le-Hardi*, par
M. SCHEFFER.

Ces deux tableaux méritent aussi d'attirer l'attention des vrais amis des arts; les expressions y
sont d'une noble simplicité, et dans celui que nous
avons nommé le premier, l'auteur a tiré tout le
parti possible d'un sujet qui n'offrait point d'action,

et laissait à son talent toute la part d'intérêt qu'il pouvait inspirer.

No. 3i3. — *Joas dérobé du milièu des morts*, *par Josabeth sa tante*, par M. DELAROCHE jeune.

Eh ! bon Dieu, les pauvres femmes ne sauveront jamais leur précieux dépôt; elles crient si fort que l'on ne pourra manquer de les entendre, et qu'elles seront arrêtées avant d'avoir fait trois pas. Si le peintre n'a d'autre moyen de traduire le mot *éper-due* que de faire une bouche béante, qu'il ne traduise pas Racine ; personne n'y perdra.

No. 387. — Un moment donc, M. l'Observateur, vous êtes toujours pressé. Avant d'entrer dans la galerie d'Apollon, dites-moi, je vous prie, quel est ce gros poisson si blanc qu'un pêcheur retire de l'eau ? sa queue se divise en deux parties assez distinctes, et ses nageoires sont d'une longueur excessive. — Imbécille, c'est le jeune Clovis trouvé par un pêcheur sur le bord de la Marne.—Ah ! pardon, je reconnais mon erreur ; mais pourquoi diable, aussi, semble-t-il que ce pauvre homme, qui paraît si ébahi, vienne de le trouver dans ses filets ?

Encore un mot, vous direz peut-être que je vous arrête sans cesse ; mais ne parlerons-nous pas des tableaux de genre. Ce sont surtout ceux-là que j'aime à examiner ; et nous y trouverons peut-être plus de sujets d'être satisfaits, que nous n'en avons eu jusqu'à présent, en observant les tableaux d'histoire. J'avoue sincèrement qu'une toile de trente pieds a rarement le don de me plaire. Je ne puis m'imagi-ner que des figures académiques, quelque bien déterminées qu'elles soient suffisent pour faire un tableau. Je laisse aux artistes à juger si l'*attache* et d'*insertion* de tel ou tel *muscle* sont fidèlement rendues, et je ne me pique pas de trouver la preuve du savoir ou du génie dans l'ajustement d'un pli ; je veux avant tout une action, un sujet que l'on reconnaisse sans peine, et que l'on ne soit pas exposé à confondre avec mille autres du même genre ; je veux des expressions bien tracées ; et je prise moins en un mot, l'exacte observation des règles que l'on enseigne dans les écoles que le talent de plaire, d'émouvoir et d'attacher l'âme par le spectacle des passions savamment exprimées. Or, de tout ce que j'exige de la peinture, il ne se trouve ordinairement rien dans les compositions dites *historiques*, tandis qu'au contraire, souvent, dans un genre moins élevé, on en rencontre une partie dans un cadre de 30 pouces, et que l'on a quelquefois plus lieu de réfléchir devant une petite production d'un auteur ignoré, que devant l'immense travail d'un peintre en renom.

Ma foi, mon cher Arlequin, je partage assez votre sentiment, mais tous vos discours nous font perdre beaucoup de temps ; et, si vous voulez, nous nous contenterons, à l'égard des tableaux de petite dimension, d'indiquer sans aucunes réflexions, ceux qui, soit par leur sujet, soit par le mérite de leur exécution, nous paraîtront les plus dignes d'attirer l'attention du public.

N°. 265. — *Valentine de Milan retirée auprès du monument qu'elle a fait ériger au duc Louis d'Orléans, son mari, lâchement assassiné par le duc de Bourgogne,* de M. COUPIN DE LA COUPRIE.

N°. 327. à 332 — Divers sujets peints par M. DE-MARNE.

N°. 400. — *Marie Stuart*, par M. DUCIS.

N°. 481. — *Gonzalve de Cordoue s'emparant de l'Alhambra, palais des rois maures à Grenade*, par M. le comte DE FORBIN.

N°. 484. — *Un Maure de Tanger est accusé d'avoir voulu favoriser l'évasion d'une jeune religieuse ; un inquisiteur procède à leur confrontation et à leur interrogatoire, dans un souterrain de l'inquisition*, par le même.

N°. 482 — 483. — **Deux autres tableaux**, par le même.

N°. 669 à 683. — **Plusieurs tableaux de madame HAUDEBOURT - LESCOT, auxquels on ne peut reprocher que de représenter des sujets jetés tous dans un même moule, et généralement habillés des mêmes livrées.**

785. — *Galilée, jeté dans les prisons de l'inquisition pour avoir publié que c'est la terre qui tourne autour du soleil, a tracé sur le pilier de son cachot des figures d'astronomie, et semble se dire, en les contemplant : Ils me persécutent, et cependant elle tourne*; par M. LAURENT, père.

N°. 788. — *Le Trousseau de mariage d'une jeune Tyrolienne*, par le même.

N°. 791. — *Pèlerinage à une fontaine miraculeuse de la Vierge*, par le même.

N°. 1081. — *Marie Stuart séparée de ses fidèles, serviteurs, et conduite au supplice*, par M. RÉVOIL.

⁂

N°. 1082. — *Promenade dans les fossés d'un château; mœurs des premières années du seizième siècle,* par le même.

N°. 1087. — *Le Tasse et Montaigne,* par M. RICHARD.

N°. 120 — *Une Distribution de prix et de comestibles aux Champs-Élisées,* par M. BOILLY.

N°. 1204. — *Guillaume Tell s'elançant de la barque de Gesler,* par M. STEUBEN.

N°. 126. — *Un Maréchal ferrant prés d'une forge,* par M. BONNEFOND.

Galerie d'Apollon.

Cette galerie attire rarement la foule; mais cette année elle est encore plus mal partagée que de coutume. C'est là que l'on a placé les portraits de M. A***, de mad. B***, de M. , de madame C*** et de leurs chers enfants, tous personnages également intéressans pour le public, et qui, pour la plupart, ne semblent avoir été envoyés à l'exposition qu'afin que ceux qui désireront se faire peindre sachent à qui ils devront éviter de s'adresser. On pourra cependant y remarquer, comme de coutume, les miniatures de MM. Aubry, n°s. 25 et 26, Augustin, 29, 30, 31, Saint, 1158, les porcelaines de madame Jaquotot, 725, 726, 727, 728, et quelques dessins à l'aquarelle agréablement exécutés

Salles du Louvre.

N°. 913. — *Plafond allégorique* par M. MAUZAISSE.

Il représente le temps montrant et les ruines qu'il amène et les chefs-dœuvre qu'il laisse ensuite découvrir.

Cette figure est d'un effet admirable et quoi que l'on puisse y trouver à critiquer sous le rapport du dessin, elle fait neanmoins le plus grand honneur au pinceau savant et hardi de M. Mauzaisse.

Toutefois je ne puis approuver entièrement le choix d'un semblable sujet, pour une salle par où passeront, en sortant, la plupart des tableaux qui composent l'exposition.

AIR *de Dorilas*

Oui, par cette faux menaçante,
Pour nos peintres et leurs travaux,
Je me sens saisi d'épouvante ;
Gardera-t-il un froid repos,
Ce vieillard habile à détruire,
Quand ils s'offriront à ses coups.
Tremblons plutôt, il faut le dire,
Tremblons qu'il ne les fauche tous.

N°. 325.— *Céphale enlevé par l'Aurore,* de M. DE-LORME.

Il y a de la grâce dans ce tableau, mais il y en a trop, son auteur fera bien à l'avenir de moins se modeler sur les écarts de nos grands maîtres, et de se rappeler que des tableaux de M. Girodet le Pygmalion n'est pas le plus digne de faire école.

N°. 121. — Le *déménagement* ou plutôt *le jour des déménagemens* par M. BOILLY.

Ce petit tableau ne peut manquer de plaire par

l'agrément des détails et principalement par la vérité avec laquelle son auteur a rendu les scènes qui tous les trois mois s'offrent à nos regards dans les rues de Paris. Le corbillard que l'on aperçoit dans le fond est une de ces choses qui distinguent l'homme qui sait réfléchir et sentir de celui qui ne sait que peindre.

N°. 796.—*Escalier du clocher de l'abbaye de Saint-Germain-des-Prés* par M. Paul LAURENT.

On a, cette année, exposé comme de coutume un grand nombre d'intérieurs; c'est un genre dans lequel on réussit assez facilement, mais celui de M. Laurent est d'un effet piquant, et ne mérite pas d'être confondu dans la foule des sujets semblables qui nous sont offerts.

N°. 797. — *Le Prêtre d'Argos,* par le même.

Ce peintre a moins bien réussi dans ce second sujet où il y a un plus grand nombre de figures, et qui offrait des difficultés plus réelles; la pose du prêtre est trop roide; on dirait qu'il prend une leçon de tir chez *Lepage,* et le Turc qui se présente le premier témoigne une tranquillité qui ferait douter s'il a reçu la mort, ou s'il va la recevoir.

Oh! oh! place, place, Messieurs, que j'examine à loisir; une toile de quinze pieds de long sur dix de de haut, c'est le morceau capital de l'exposition.

N°. 27.—*Bucéphale dompté par Alexandre,* de M. D'AUBUISSON.

Oh! ma foi, je n'ai rien à dire là-dessus : choix du sujet, composition, dessin, coloris; tout y est tel qu'on ne peut vraiment rien critiquer; et c'est le cas de dire : Regardez et jugez ! ! ! ! ! ! ! !

N°. 76. — *La Cour de la reine Marguerite de Navarre, sœur de François I*, par M. BERGERET.

Vous croyez peut-être qu'on n'a voulu représenter dans ce tableau qu'un concert d'amateurs; eh bien! non; ce qu'il faut que vous y voyez ce que le peintre veut que vous y voyez : c'est la renaissance des arts; vous ne vous attendiez pas à celui-là ! dame, je ne l'invente pas pourtant; si vous ne me croyez pas, lisez la notice.

N°. 78. — *Le Tintoret et l'Arétin*, par le même.

M. Bergeret réussit mieux dans ce genre de tableaux que dans les sujets historiques ou allégoriques; aussi fera-t-il bien de s'en tenir à ceux-là, et de s'appliquer ces vers du bon La Fontaine :

> Ne forçons point notre nature,
> Nous ne ferions rien avec grâce.

N°. 309. — *Dante et Virgile conduits par Plégias traversent le lac qui entoure les murailles de la ville infernale de Dité; des coupables s'attachent à la barque Dante reconnaît parmi eux des Florentins* par M. DELACROIX.

N°. 310. — *Mort de procris*, par M. DELANOE.

Ma foi, Messsieurs, je commence à me lasser de ne voir que des tableaux de plus en plus nuls sous tous les rapports; vous me pardonnerez de passer rapidement sur ceux ci et je vous conseille d'en faire autant.

N°. 1273. — *Ulysse demandant des secours à Nausican fille du roi Alcinoüs* par M. VAFFLARD.

Je croyais M. Vafflard capable de faire des choses agréable et pourtant voila uu Ulysse, ah mon Dieu ! mon Dieu ! je finirai par croire que je n'ai pas la vue bien nette et que c'est la faute de mes yeux si je ne vois que du mauvais.

N°. 1282. — *La tentation de Saint-Antoine* par M. VALDAHON.

Petit tableau d'un effet plus original que vrai, et qui a plus de piquant que de mérite réel, mais devant lequel, cependant, on s'arrêtera volontiers.

N°. 1321-—*Le Soldat laboureur,* par M. VI-GNERON.

Faible imitation du tableau connu de M. Horace Vernet. Eh ! Messieurs, tâchez donc, s'il vous plaît, d'avoir au moins des idées à vous.

N°. 97. — *Les Médecins français à Barcelonne,* par M. BESSELIEVRE.

La scène se passe dans un hôpital. M. Pariset écrit la relation des événemens dont il a été le témoin ; sa plume s'arrête lorsqu'il a tracé ces mots : *nous étions quatre,* et ses yeux humides se portent sur un buste couronné de l'auréole des martyrs, et qui représente le jeune Mazet, victime de son dévouement. M. Bally occupé aux recherches dont leur mission est le but s'interrompt pour le contempler, et le montre avec douleur à M. François.

N°. 1329. — *Dévouement du jeune Mazet,* par M. VINCHON.

Mazet s'étant transporté dans une maison particulière est frappé par la contagion, et rappelant ses forces défaillantes, il observe encore sur un pestiféré les progrès d'un mal auquel il va succomber lui-même à l'âge de 27 ans.

Il y a toujours du mérite pour un peintre à rappeler des traits qui honorent sa nation et l'humanité, aussi, quoique ces deux derniers tableaux laissent à désirer sous le rapport de l'exécution, ils doivent cependant attirer à leurs auteurs les suffrages du public.

N°. 1190. — *Inès de Castro*, par madame SERVIÈRES.

N°. 1192. — *Marie Stuart*, par la même.

Ces deux tableaux ont, comme tous ceux que nous offre madame Servières, beaucoup de grâce et de charme.

N°. 751. — *S. A. R. Mgr. le duc de Bordeaux, présenté au peuple et à l'armée, par S. A. R. Madame la duchesse de Berry, le Roi étant sur son trône, entouré de la Famille Royale et des principaux personnages de l'État*, par M. LAFOND.

On s'arrête généralement devant ce tableau qui, outre l'avantage du sujet qu'il retrace, possède encore celui d'être agréablement exécuté.

N°. 1111. — *Le pauvre Aveugle*, par M. Adolphe ROEHN.

Ce tableau semble avoir été inspiré à son auteur par un accident dont il a été effectivement le témoin. Il n'a guères d'autre mérite que celui de l'idée, mais c'est toujours cela de plus que bien d'autres.

N°. 1156. — *Sortie d'une distribution de prix au Lycée Charlemagne*, par Mᵐᵉ. RUMILLY.

Un enfant piqué d'émulation, en voyant le triomphe de ses camarades, dit à son père : *Papa, à l'année prochaine.*

Ce petit tableau renferme une utile leçon, en faveur de laquelle on peut passer sur ses défauts, et nous ne pouvons mieux faire que de terminer notre revue, en engageant ceux de nos artistes qui se sont acquis une juste célébrité, et qui, cette fois, ont laissé reposer leurs pinceaux, ou n'ont pas été heureux dans leurs efforts, à profiter de l'exemple, et à nous dire aussi : *au Salon prochain.* Pour nous faire oublier qu'ils ont été loin, cette année, de remplir notre attente ; ils n'ont qu'à le vouloir, et sans doute ils en forment déjà le projet.

AIR : *L'hymen est un lien charmant.*

Verrions--nous fuir du sol français
Les arts, le talent, le génie ?
Verrions-nous donc notre patrie
Renoncer à tous les succès ?
Non, non, je ne saurais le croire,
Réveillez-vous, nobles rivaux,
Et, par des triomphes nouveaux,
Rendez-nous notre vieille gloire.

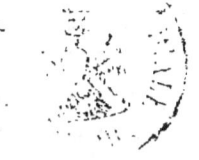

L.-E. HERHAN, IMPRIMEUR-STÉRÉOTYPE,
rue Servandoni, N°. 13, près Saint-Sulpice.

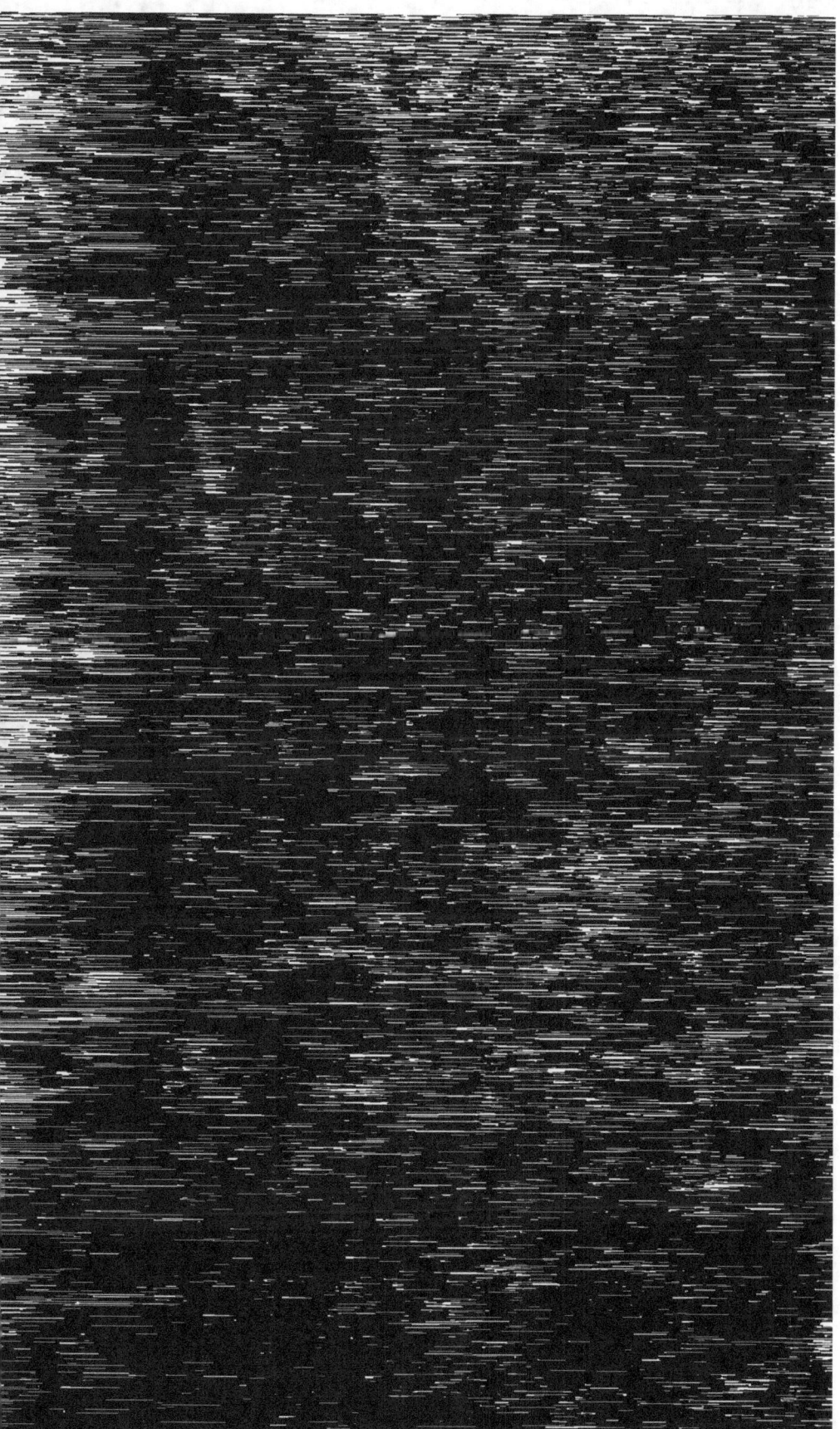

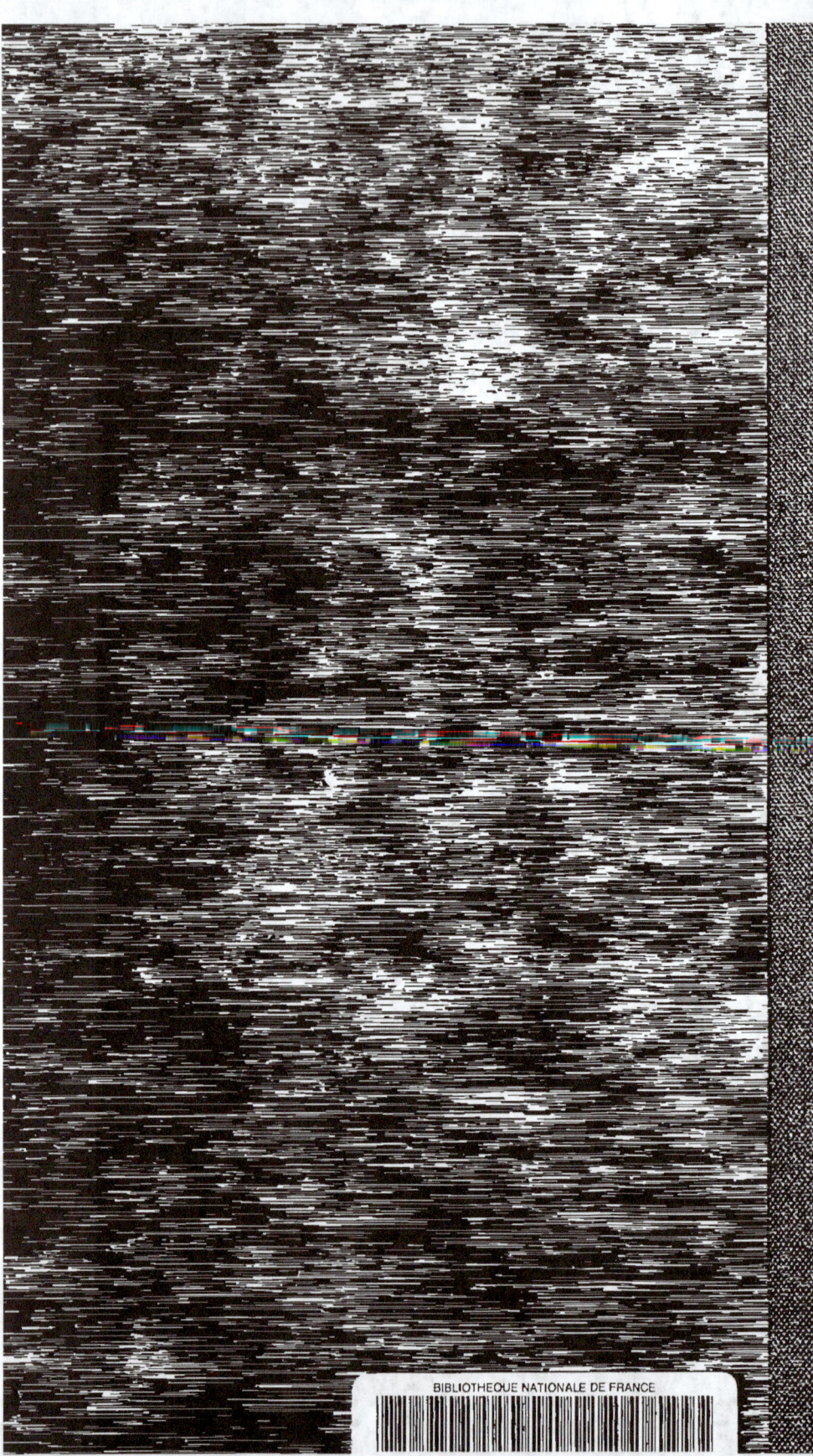

www.ingramcontent.com/pod-product-compliance
Lightning Source LLC
Chambersburg PA
CBHW030125230526
45469CB00005B/1804